Alışılmadık bir düşünce tarzı,
alışılmadık başarılar için.

EĞRİ
DOĞRU

DÜŞÜNELİM KONUŞALIM.

DÖNÜM NOKTASI.

2M 24CM 1968 OLIMPIYAT REKORU

— 2M

GELECEĞE DÖNÜŞ.

— 1M 75CM

1M 73CM 1968'DEN ÖNCEKİ OLİMPİYAT REKORU

— 1M 50 CM

— 1M 25 CM

— 1M

— 75 CM

— 50 CM

— 0'

1968'deki Meksika Olimpiyat Oyunları'na kadar bütün yüksek atlamacılar, yüzleri çıtaya dönük, vücutları paralel şekilde çıtayı geçmeye çalıştıkları, alışılmış "Western Roll" tekniğiyle yarışıyorlardı.

Fakat bu durum değişmek üzereydi.

Pek tanınmamış bir atlet çıtaya yaklaştı ve 2.24 m'lik atlayışı ile yeni dünya rekorunu belirledi. Tek yaptığı havalandıktan sonra, tüm atletlerin aksine çıtaya yüzünü değil sırtını dönmekti.

Ayaklarını yukarı çekti ve dizlerini kırarak çıtanın üstünden sırtüstü atladı.

Atletin adı, Dick Fosbury'di. Ve o günden sonra bu atlayış tekniği onun adıyla anıldı. Bugün yüksek atlamada hâlâ bu teknik (Fosbury Flop) kullanılıyor.

Fosbury, insanoğlunun o güne kadar ulaşabildiği en yüksek seviyeye sıçradı. Herkesin tersine, aksini düşünerek.

Bu, basit bir düşünme tekniği. Fakat buradaki düşünme tekniği, bir sıçrama tekniğine dönüştü ve yüksek atlama tarihinde bir dönüm noktası oldu.

ÇİÇEK FOTOĞRAFI ÇEKMEK.

Önce mükemmel bir çiçek seçeriz, sonra etrafını özenle düzenler, ışığını ayarlayıp, yapraklarına biraz su püskürtürüz.

Muhtemelen çok güzel bir fotoğraf olur, ama bir yere kadar, çünkü öncesinde binlerce güzel çiçek fotoğrafı görmüşüzdür.

Peki akılda kalabilecek bir çiçek fotoğrafını nasıl çekeriz?

1930'lu yıllarda André Kertész, solmuş bir lalenin fotoğrafını çekti. Aşağıdaki fotoğrafı bir kere gördünüz mü, bir daha asla unutamazsınız.

Fotoğraf sanatçısı Adrian Flowers'ın kendi tanıtımında kullanmak için çektiği fotoğrafta, sadece vazoyu görüyoruz, çiçekleri değil.

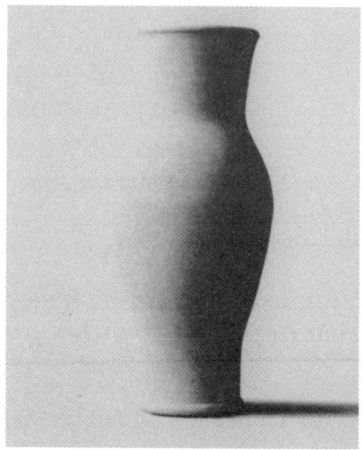

Irving Penn imzalı bir çalışma. Mükemmel bir çiçeğin sıradan bir fotoğrafı değil, ölü bir çiçeğin mükemmel bir fotoğrafı.

80 yıl önce, bilimsel fotoğraf sanatçısı Karl Blossfeldt ne olduğu neredeyse tanımlanamayan sıradışı fotoğraflar çekti. Bu fotoğrafta görülen nesne, bir bitkiden çok bir gökdelene benziyor.

Hiçbiri alıştığımız çiçek fotoğraflarına benzemiyor, ama hepsi birbirinden güzel ve çarpıcı çözümler.

UÇMAZ.

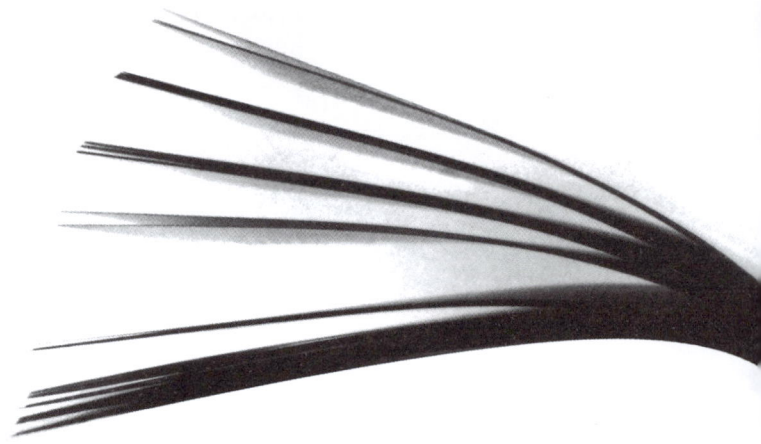

İyi yazarlar, güzel tasarım ve 6 Peni'lik* inanılmaz fiyat.

Bugün kulağa mantıklı geliyor.

Ama 1934'te öyle değildi.

Kitabevleri Penguen Yayıncılık'a**: "Normal fiyattan zarar ederken, daha ucuz fiyattan nasıl kâr edebiliriz?" diye sordu.

Yazarlar telif haklarını kaybetmekten korktu.

* İngiltere'de 1970'de tedavülden kalkan demir para.
**Dünyanın en büyük yayınevlerinden biri.

Yayıncılar eserlerini ciltsiz basmaya yanaşmadı.

Sadece, 6 Peni'den daha pahalı bir şey satmayan Woolworths* fikre sıcak baktı.

Bir yayıncılık yatırımı olarak kötü bir fikir gibi görünüyordu.

Penguen'in kurucusu Allen Lane ise, tam *aksini* düşünüyordu.

Gerisini tarih yazdı.

* İngiliz perakende mağazalar zinciri.

DOĞRUYSA, SES GETİRİR.

1881'de George Eastman adlı genç bir memur, kendi fotoğraf şirketini kurmak için yerel bir bankadaki görevinden istifa etti.

İşte hikayenin ilginç bölümü.

George Eastman kurduktan 7 yıl sonra şirketinin ismini, hiçbir anlamı olmayan tuhaf bir kelimeyle değiştirdi: "Kodak". O günlerde kimse, böyle ciddi ürünlere gelişigüzel isimler vermiyordu.

Eastman'ın bu ismi seçmesinin sebepleri; kısa olması, yanlış telaffuza meydan bırakmaması ve başka bir şeyi çağrıştırmamasıydı.

Bugün bile birçok şirket böyle düşünemiyor.

Fikri, iddiası ve vizyonu olan girişimcilerin dışında.

Braille alfabesiyle yazılmış bir kabartma çalışması. "Dokunma" yazıyor. Sevimli bir çelişki ve aksini

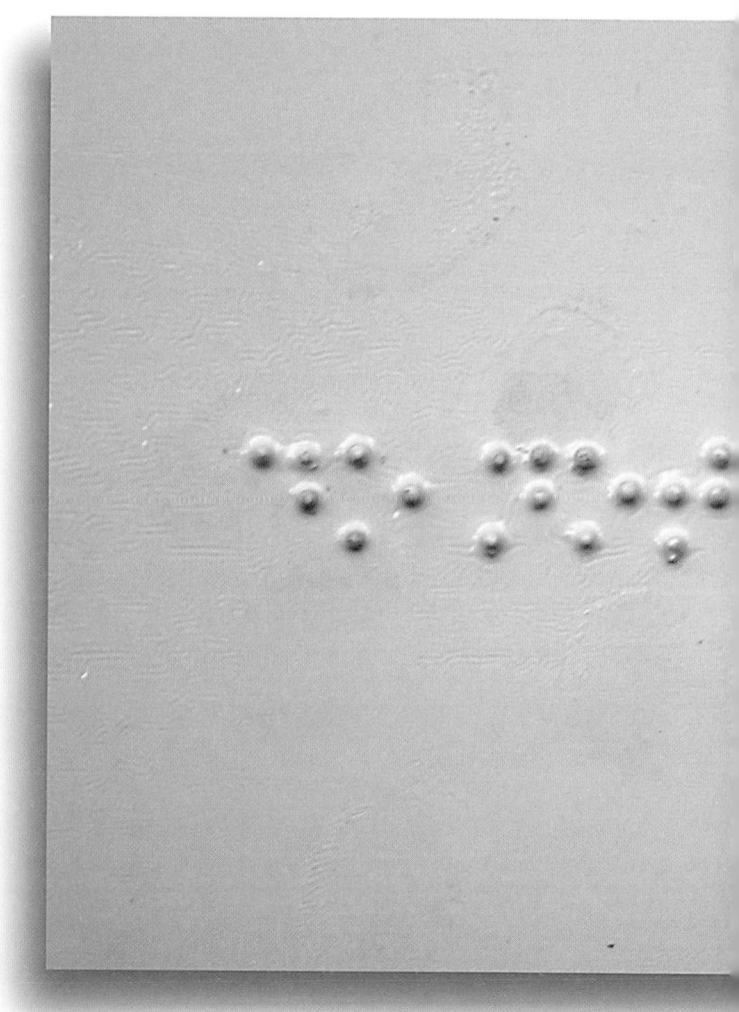

DOKUNMA!

Sadece dokunarak anlaşılabilecek bu mesajda, düşünmenin muhteşem bir örneği.

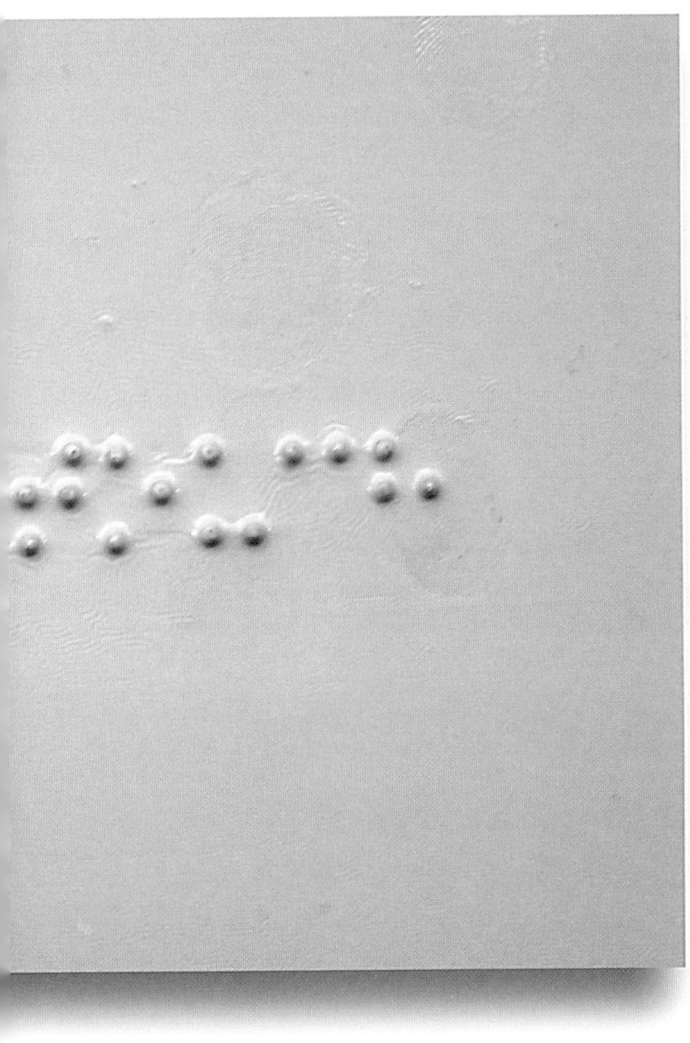

Bu resim J. Walter Thompson'ın sponsor olduğu bir sanat sergisinde satıldı. Sanatçının ismini hatırlamıyorum. Bilen var mı?

AYKIRILIĞIN BOYUTU.

Modanın öncü isimleri, her dönemin modasının tam tersini yaparlar.

Modaya aykırı, uygunsuz, zamanın gerisinde ya da ötesinde şeyler yaratırlar.

Orijinal fikirler, orijinal insanlardan çıkar. İçgüdüleri ya da önsezileri sayesinde farklı olmanın değerini anlayan ve sıradanlığı tehlikeli bir yer olarak kabul eden insanlardan.

70'lerin başında, Vivienne Westwood ve Malcolm McLaren, Londra'nın Oxford caddesinde çok da işlek olmayan St. Christopher bölgesinde bir mağaza açtılar.

Mağazanın adı "Nostalgia of Mud"dı. Tasarımları dönemin 30 yıl ötesindeydi. Giymek bir kenara, almak bile cesaret istiyordu.

Mağaza, en ılımlı ifadeyle, tuhaftı.

Kısa süre sonra kapandı.

Yaptıkları delilik miydi, dahilik mi?

Eğer onlar bu kadar cesur olmasalardı, Westwood bugün İngiltere'nin en saygın tasarımcılarından biri olamaz, McLaren de Sex Pistols'ı kuramazdı.

APAÇIK SANSÜR.

Oxford'un "Parson's Pleasure" bölgesindeki genelde çıplak girilen Cherwell nehrinde yüzen bir profesörün hikayesi...

Profesör tam nehirden çıkmak üzereydi ki, bir grup öğrencinin kayıkla geçtiğini gördü. Bunun üzerine havlusuna uzandı ve başının etrafına sardı.

Yanlış kararlar verdiğin için değil, doğru kararlar verdiğin için.

Elindeki verilere dayanarak mantıklı kararlar vermeye çalıştığın için.

Mantıklı kararlar vermekteki sorun, herkesin aynı şeyi yapabiliyor olmasıdır.

İSTERDİM.

İSTERDİM DEMEK, "...saydım ne kadar iyi olurdu." demektir.

Eğer daima doğru, risksiz ve herkesin verdiği kararları alırsan, sen de onlardan biri olursun.

Oysa her zaman farklı bir hayat hayal etmiştin.

İSTİYORUM.

İSTİYORUM DEMEK, "Yeterince istersem, elde ederim." demektir.

İstediğini elde etmek demek, istediğini elde etmek için vermen gereken kararları vermen demektir.

Çevrendekilerin vermeni beklediği kararları değil.

Risk içermeyen bir karar almak; sıkıcıdır, öngörülebilir ve seni yeni bir yere götürmez.

Riskli karar ise, hiç ummadığın şekilde düşünmeni ve hareket etmeni sağlar.

Ve sana, istediğini elde etmeni sağlayacak başka düşüncelerin kapısını açar.

Kötü ve yanlış görünen kararlar almaya başla. Bu seni başkalarının sadece hayal edebildiği yerlere götürecek.

HAYALET!

Herkes heyecan dolu bir yaşam ister, ama çoğu insan buna cesaret edemez.

Onlar bu heyecanı yaşamanın kolay yolunu seçerler.

Başka insanların heyecanlarını yaşarlar.

Kendilerini, ünlü sıradışı kişiliklerle özdeşleştirerek, sahte bir çekicilik elde ederler. John Lennon, George Best, Ernest Hemingway, Liam Gallagher, Lenny Bruce, Janis Joplin, Damien Hirst, Andy Warhol olduklarını sanırlar.

Yukarıdaki isimlerin farkı, bir karar aşamasına geldiklerinde, onları nereye götüreceğini bilmeden en sıradışı kararları verebilmeleriydi. Bu kişilikler, güvenli kararın ne kadar tehlikeli olduğunu biliyorlardı.

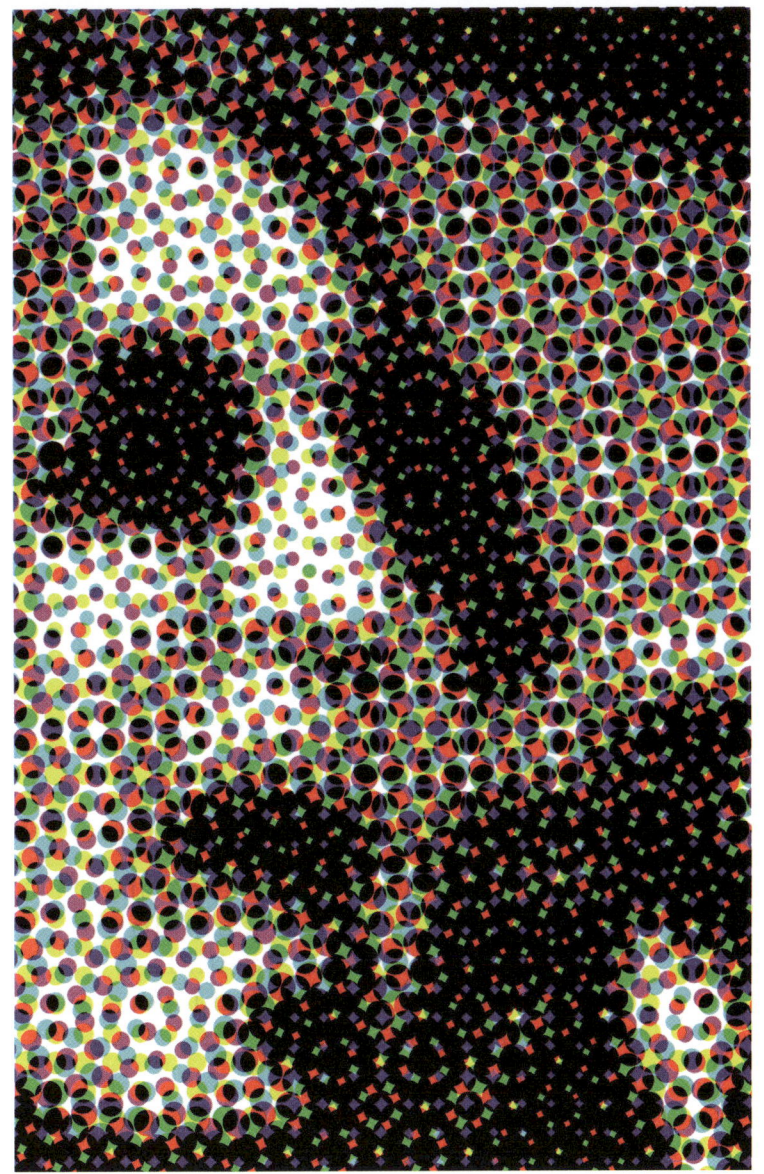

YAPTIĞINA PİŞMAN OLMAK YAPMADIĞINA PİŞMAN OLMAKTAN İYİDİR.

Çoğu insan 40 yaşına geldiğinde, hayatı ıskaladığını farkeder.

Aslında şans kapılarını defalarca çalmış, ama onların açacak cesaretleri olmamıştır.

Kimse başarısız oldun diye kolunu kesemez, altından motorsikletini alamaz ya da seni hapse atamaz.

Bir arkadaşım, IRA ile bağlantıları olan babasından, canını sıkan bir konuda yardım istedi:

- 'Baba, başım dertte.'

- 'Seni öldürecekler mi?'

- 'Hayır.'

- 'Evlat, senin başın dertte değil.'

En güvenilir, en garantili yolları seçmek istediğimizde bile, en azından bir an durup neler kaçırabiliyor olduğumuzu hayal etmeliyiz.

'HER İNGİLİZ MEZARINA UTANMADAN GİRMEK İSTER.' JOHN CLEESE

A. Charlie

Hayalindeki evi satın alacak kadar zengin olamayabilirsin.

Bu yüzden o, hayallerinin evidir.

Ya onu elde etmenin yolunu bulacaksın ya da hayal kırıklıkları ile yetineceksin.

Geriye dönüp baktığında pişman olacağın şeyler olacak.

Verdiğin kararlar yanlış mıydı?

Yanlış!

Verdiğin kararlar doğruydu.

Hayat kararlardan ibaret.

1. Kullanışlı bir araba mı yoksa spor bir araba mı almalıyım?

2. Üniversiteye mi gitmeliyim, işe mi girmeliyim?

3. Şarap mı içmeliyim, bira mı yoksa sadece su mu?

Verdiğin karar, verebileceğin tek karardır.

Aksi takdirde başka bir karar verirdin.

Her şeyi biz seçeriz.

Pişmanlığın anlamı var mı?

Sen, olmayı seçtiğin kişisin.

HAMUR.

Bu adam bedenine, istediği her şeyi yaptırabilir.

Bir postacı, iyi bir adam ya da sevilen bir dost, örnek bir insan olmak isteyebilir.

Bir ayakkabı firmasının müdürü olmak isteyebilir.

Bir oyuncu ya da film yönetmeni olmak isteyebilir.

Bir Jaguar'ı ve banliyöde evi olan bir şirket yöneticisi olmak isteyebilir.

Ya da iki Jaguar'lı bir devlet bakanı.

Bu adam istediğini elde edecek.

Ama bunu alabilecek ya da olabilecek kadar çok istemek zorunda.

Sadece hayaller kurup bunun hakkında konuşmak bir işe yaramaz.

Hayatını şekillendirecek tek insan var.
Sen.

Kim olacaksın?

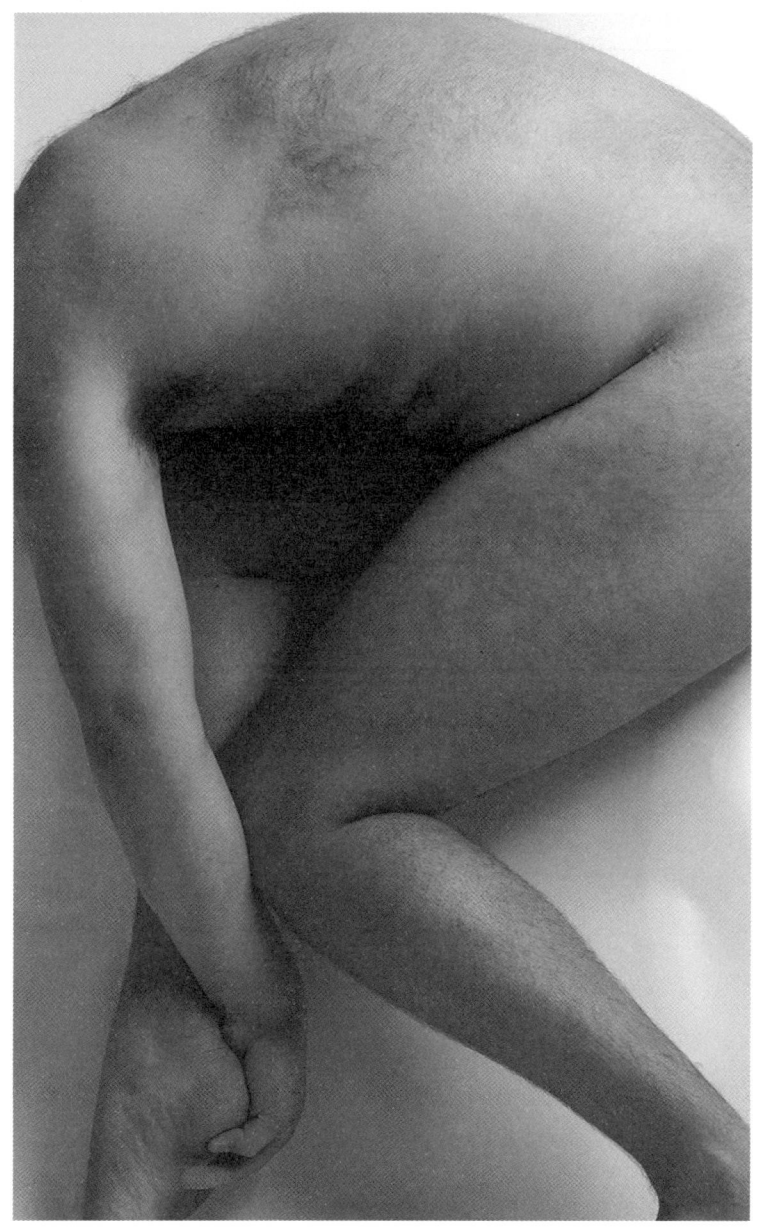

SALLA TEKNEYİ.

PERVASIZCA YAŞAMAK ÜZERİNE.

Çocukken, yüzüp yüzemediğimize aldırmadan suya atlarız.

Korkmayız.

Ya yüzeriz ya da boğuluruz.

Otuz yaşından önce başımıza gelenler, hayatımızın geri kalanını etkiler.

İlki:

Kendimizin ve kendi düşüncelerimizin farkına varırız. Aklımız başımıza gelir.

İkincisi:

Yeni olgun kişiliklerimizle, daha ağırbaşlı davranışlar sergileriz.

Artık birer yetişkinizdir.

Pervasızlık ve risk kavramları, olgunlukla geçinemez.

Risk, dikkatlice ölçülüp tartılması gereken bir kavrama dönüşür.

Sanatçı Yves Kline, kendini boşluğa bırakırken. 1960.

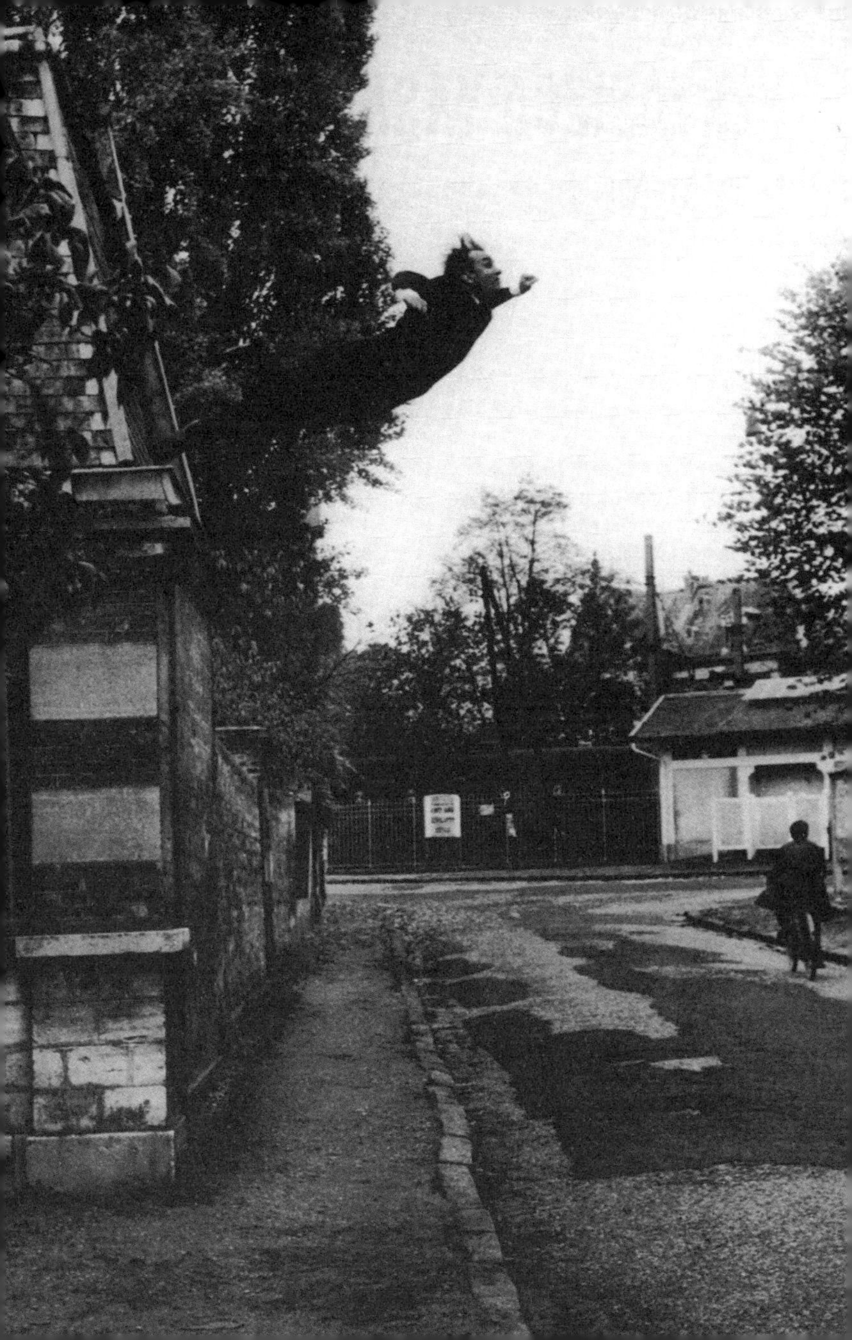

ÖRNEK EDDIE'YLE TANIŞIN.

BU GRAFIK, ORTALAMA BIR ŞIRKET ADAMIYLA, YARATICI FAKAT
UYUMSUZ BIR KIŞININ KARIYERLERINI KARŞILAŞTIRIYOR.

EDDIE (ŞIRKET ADAMI)
PERVASIZ ERICA

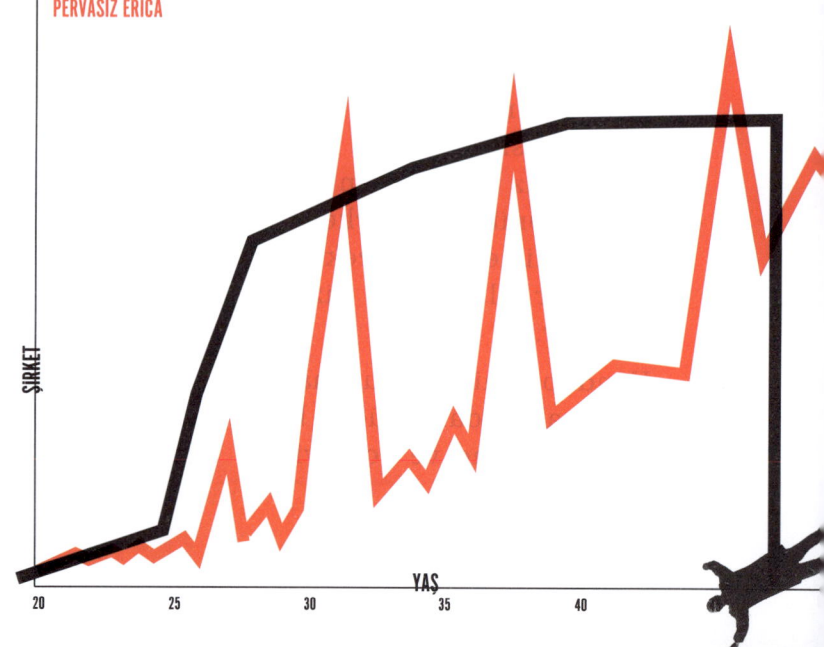

ŞIRKET

YAŞ

20   25   30   35   40

Risk almayı sevmeyen, uyumlu adamımız, gençliğin enerjisiyle önce hızlı bir yükseliş gösterir; açık bir zihin, sıcak tavırlar ve şık görüntüsü bu yükselişi hızlandırır.

Üstleri, olumlu imajı sayesinde onu terfi ettirmekte tereddüt etmez.

Şirket adamımız bir süre sonra hafife alınamayacak bir sorumluluk seviyesine ulaşır.

Sonunda genç yaşında, küçük de olsa bir birimin başındadır.

Maaşı yeteneğine değil, bulunduğu mevkiye göre yükselmeye devam eder ve üst düzeye ulaşır.

Şimdi şirkete bir genel müdür yardımcısı atama zamanıdır. Adamımız şirket için yararlı ama biraz sönüktür. Şirketin geleceği için fikirler üretecek özgünlüğe, kararlar alabilecek vizyona sahip değildir.

Kendi biriminde onun maaşının üçte birini alan, daha küçük bir gruptan sorumlu genç ve çok iyi bir adam vardır.

Bizimki kırk yaşına geldiğinde yetkileri azaltılmış ve kırk yedi yaşında da görevine son verilmiştir.

Basamakların tepesine ulaşamadan düşmüş ve yeniden çıkacak gücü kalmamıştır.

Kariyeri sona ermiştir, oysa hiçbir şeyi yanlış yapmamıştır.

Sorun da budur.

Hiç yanlış yapmamıştır.

ŞİMDİ PERVASIZ ERICA'YA BAKALIM.

Bir genç olarak Erica, önceki karakterin cazibesine sahip değildir.

Şirket insanı da değildir.

Sinir bozucu ama eğlencelidir ve saçma da olsa durmadan fikir üretir.

Bu yüzden ona tahammül ederler.

Fikirlerinin çoğu uygulanamaz olarak görülür, fazla uçuk ya da saçmasapan. Ama şirkette biri onun çılgın fikirlerinden birini yakalar ve geliştirir. Sonuç dikkat çekicidir, çünkü fikir farklı, yeni ve özgündür.

Erica, sonraki üç yıl süresince kullanılamayacak fikirler üretmeye devam eder. Giderek daha sinir bozucu olmaya başlar ve kovulur.

Garip olan, yeni bir iş bulmasının düşündüğü kadar zor olmamasıdır. Çünkü üç yıl önceden, onu sürekli fikir üreten biri olarak hatırlayanlar vardır ve önceki başarısızlıklarını görmezden gelirler.

Şirket bordrolarında adının geçmesi, şirkete renk katmıştır.

Fakat aynı süreç tekrarlanır. Bir kere daha kovulmuştur. Ama artık dikkat çekici iki fikrin yaratıcısı olarak hatırlanmaktadır.

O tek atışlık değildir.

Bütün hayatı iniş ve çıkışlarla geçmiştir. Daha çok inişlerle.

Fakat kırk yaşına geldiğinde, herkes onu tanımaktadır.

Saygı duyulan biridir.

Erica hâlâ pervasızdır, ama her zamankinden daha çok aranmaktadır. Çünkü o çevresine uyum sağlamamış, çevreyi kendisine uydurmuştur.

MANTIKLI MISINIZ?

New York yatırım şirketi Salomon Brothers, olası müşterileriyle ayda bir ya da günde bir değil, günde üç defa görüşürdü.

Hiçbir mantığı yok.

Ama işe yarıyor.

Birçok insan mantıklıdır, bu nedenle de ancak mantıklı ölçüde iyidir.

George Bernard Shaw:

"Mantıklı adam kendini dünyaya uydurur. Diğeri, dünyayı kendisine. Dünyanın bütün gelişimi, mantığı bir kenara bırakan insanlara bağlıdır."

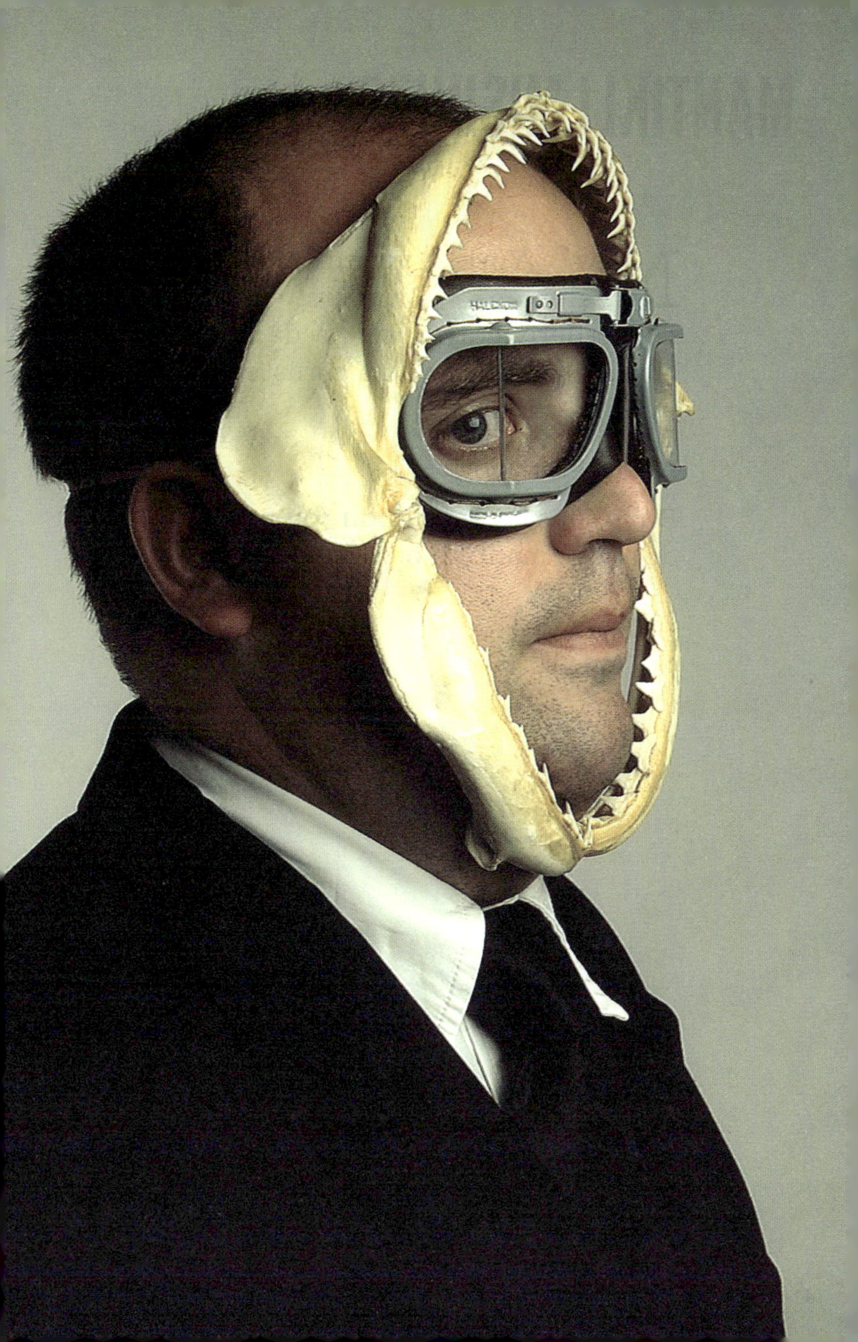

MANTIKSIZLIK ÇAĞI.

Tecrübeli golfçüler kazanamaz. (Bu evrensel bir gerçek değil, genel bir kural).

Neden?

Tecrübeli golfçü topu, yenisi kadar uzağa atamaz.

Kısa vuruşlarda ve topu deliğe sokmakta eşit derecede iyidir.

Ve konu hakkında muhtemelen daha bilgilidir.

Peki neden kendini zaferden mahrum bırakacak ekstra vuruşu yapar?

Tecrübe.

Olumsuz yönlerini, hata yaparsa neler olacağını bilir. Ve bu onu daha temkinli, daha kaygılı olmaya iter.

Genç oyuncu, dikkatli olamayacak kadar bilgisiz ve pervasızdır.

Tecrübeli golfçümüz olabileceği en yüksek noktadır. Daha iyi olamaz.

Bu hepimiz için aynıdır.

Bilgi, temkinli oynamaya neden olur.

İşin sırrı, çocuk kalmaktır.

Çocukların yetişkinlere yapacağı budur.

SINIRLARI AŞMAK.

Berlin duvarı yıkılmak üzereyken, ünlü bir reklam ajansından bir genç*, duvarın diğer tarafına bir ilan asma fikriyle ortaya çıktı.

"İyi fikir, peki parayı nereden bulacaksın?" diye sordum.

O da kenarda bir miktar birikmişi olduğunu söyledi.

"Nasıl yaptıracaksın?" dedim.

"Yaptıracağım." dedi.

Yaptırdı. Dünya çapında haber oldu.

Söylemeye bile gerek yok; gidip kendi işini kurdu.

Bütün en iyilerin yaptığı gibi.

*Paul Cowan

HERKESİN BİR

HEDEFİ OLMALI.

Hayatının sonunda nerede olacağını bilmek istiyorsan, nereye gittiğini bilmek zorundasın.

YILDIZLARA UZAN.

Eğer hayallerinin sınırı buysa,

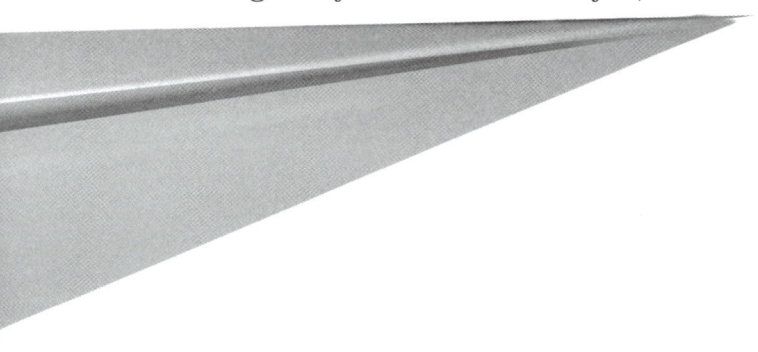

daha yükseğini hedefle.

ÖNCE YAP,
SONRA DÜZELT.

Birçok insan, daha işe başlamadan önce onu mükemmelleştirmek için çok fazla zaman harcar.

Mükemmelliği beklemek yerine işe başla, yaparken düzeltirsin.

YÜZÜNE VURSUNLAR.

Eğer yaptığın işi birilerine gösterip, "ne düşünüyorsun?" diye soracak olursan, seni üzmemek için muhtemelen "güzel" diyeceklerdir.

Bir dahaki sefere, doğru olup olmadığını sormak yerine, neyin yanlış olduğunu sor.

Duymak istediklerini söylemeyebilirler, ama gerçek düşüncelerini söyleme şansları çok yüksektir.

Gerçekler acıtır, ama uzun vadede, pohpohlanmaktan iyidir.

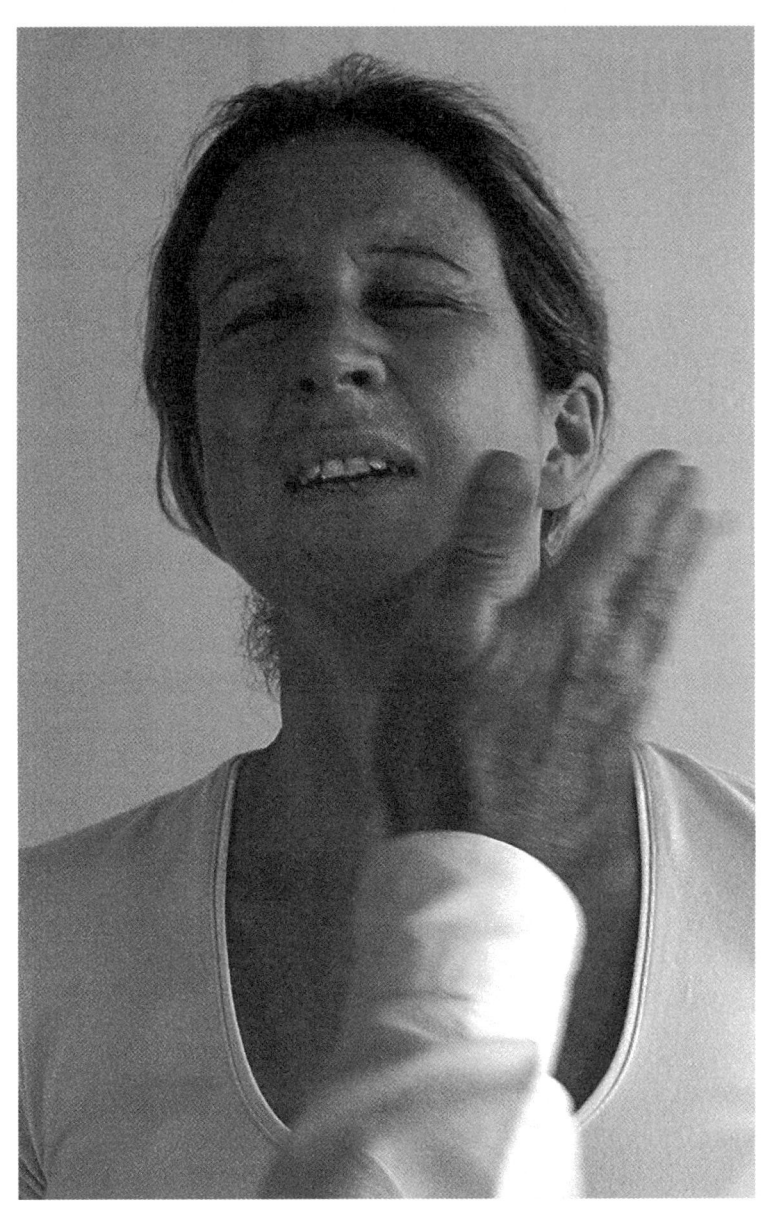

Bu düşünmenize yardımcı olacak.

SORUMLULUK AL.

Kendini acımasızca eleştir.

İşler yolunda gitmeyince suçlayacak birileri aranır. Sakın yapma.

Sorumluluğu kabullen. O zaman takdir edilecek ve neler yapabildiğini göreceksin.

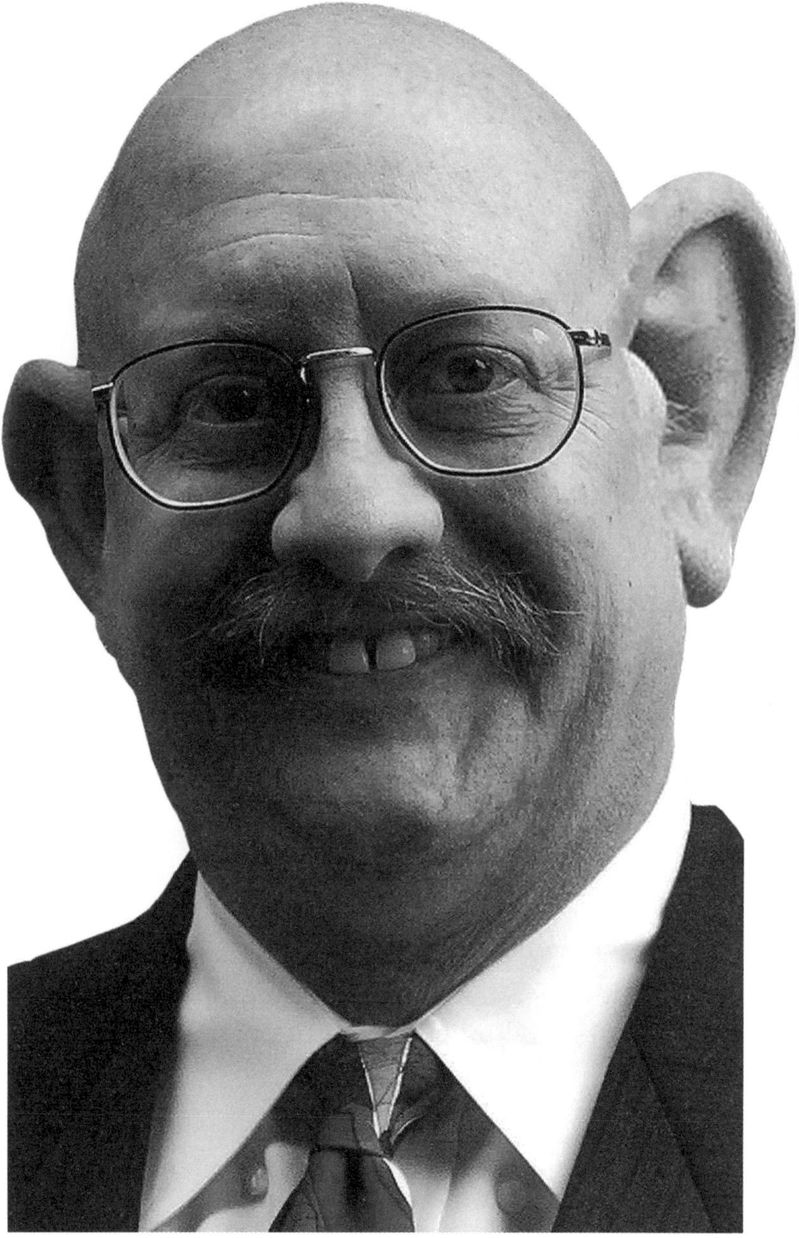

İLGİ ÇEKMEK İSTİYORSAN, DİNLE.

Bir arkadaşımı Kopenhag'da bir barda yalnız bıraktım. Danimarka dilinden sadece iki kelime biliyordu: Ja ve nej. (Evet ve hayır)

Sarhoş bir adam onunla konuşmaya başladı. Arkadaşım arada bir "ja" ve "nej" diyerek karşılık veriyordu.

Geri döndüğümde hala sarhoşla muhabbet ediyor, halâ o iki kelimeyi kullanıyordu.

Sarhoş adam, sadece onu dinlediği için arkadaşımı ilginç buldu.

Bir iş görüşmesinde, görüşmeyi yürüten kişinin ne dediğini dikkatlice dinlemek, zeka gösterisi yapmandan çok daha iyidir.

Böylece tek kelime etmesen bile karşındakini etkileyebilirsin.

SANATÇI GİBİ DUR.

1980'lerde Ron Mueck, model mankenler yapıyordu.

Bir reklam kampanyası için, insan kafasının arka kısmını gösteren bir manken hazırladı. (sağda).

İşi neredeyse karın tokluğuna yaptı.

Ünlü bir sanatçı bu çalışmayı gördü ve işi yapanı keşfetti.

Mueck'in statüsü, "model manken tasarımcısı"ndan "sanatçı"ya yükseldi.

Yaptığı işler şimdi eskisinden yüz kat daha değerli.

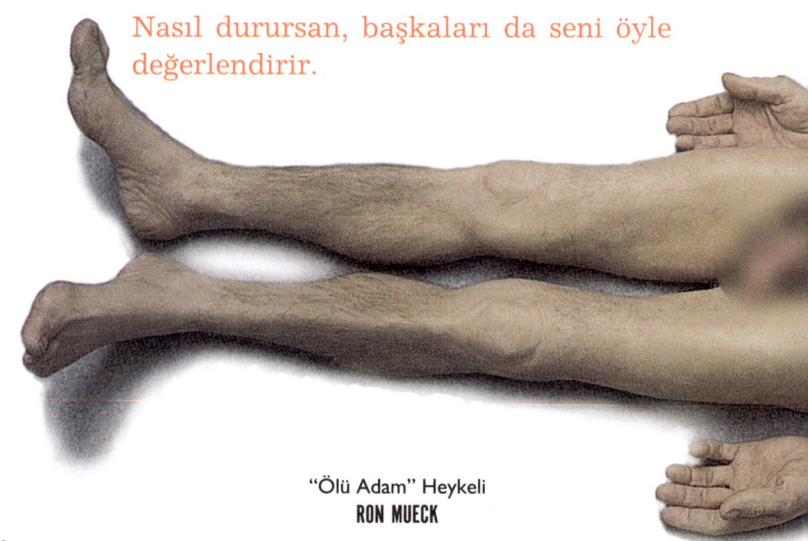

Nasıl durursan, başkaları da seni öyle değerlendirir.

"Ölü Adam" Heykeli
RON MUECK

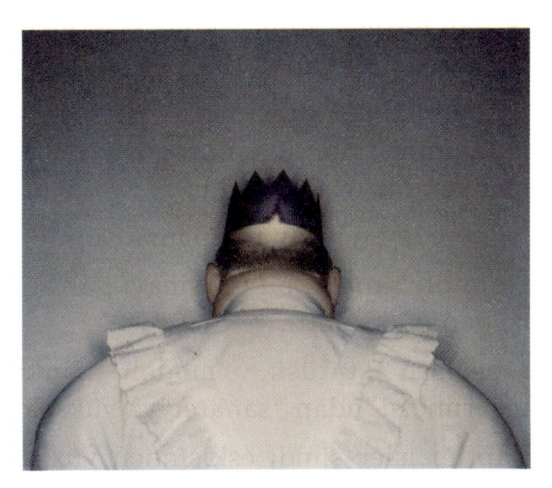

Model manken çalışmalarından biri
RON MUECK

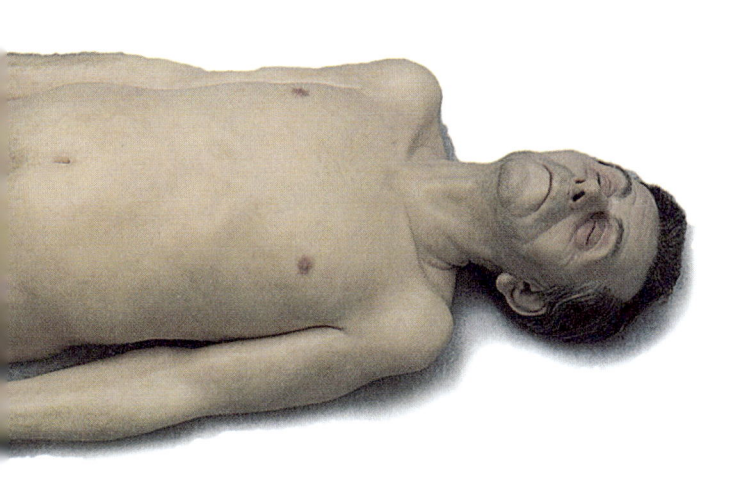

BİTİR İŞİ.

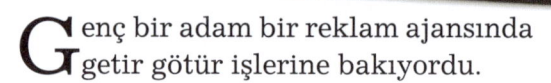

Genç bir adam bir reklam ajansında getir götür işlerine bakıyordu.

Bir gün yöneticisine gitti ve " Ben ayrılıyorum. Baterist olacağım." dedi.

Yöneticisi:

"Bateri çaldığını bilmiyordum."dedi.

O da cevap verdi: "Çalmıyorum, ama çalacağım."

Birkaç yıl sonra o genç adam, Eric Clapton ve Jack Bruce ile birlikte aynı grupta çalıyordu. Grubun adı "Cream", adamın ismi Ginger Baker'dı.

İşi, yapıp yapamayacağını bilmeden başladı ve bitirdi.

Bir hedefi vardı.

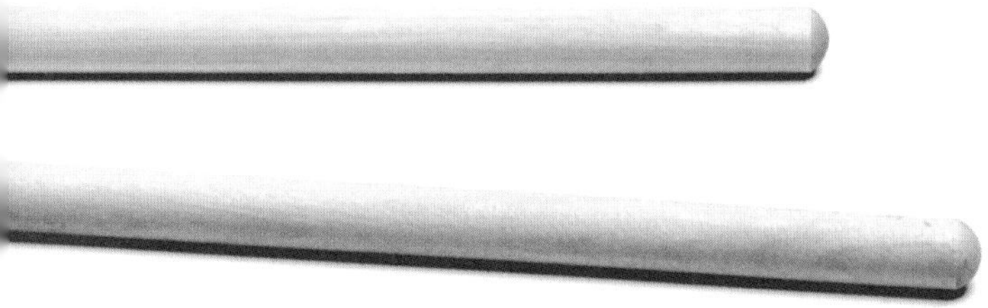

HEP BEN.

1'i DEĞİL, 1.

Sözde düşünürlere göre egoyu bastırmak gerek.

Keşke biraz daha düşünseler.

Muhtemelen, egoya sahip olmamızın bir nedeni var.

Büyük insanların büyük egoları vardır; belki onları büyük yapan da budur.

Bu yüzden, en iyisi onu inkar etmek yerine iyi bir şekilde kullanalım.

Hayat hep "ben"le ilgili zaten.

Babam alçakgönüllü biriydi ve tüm alçakgönüllü insanlar gibi egosunu kontrol altında tutardı.

Bu konuda gayet başarılı oldu, hayatının büyük bölümünde sıradan biri olarak kaldı.

O bir ressamdı.

Annem öldüğünde babam doksan yaşındaydı.

Artık onay alabilmek için işlerini gösterebileceği biri yoktu.

Birdenbire kendi egosunu farketti.

Çalışmaları eğlenceli, çılgın ve benzersiz olmaya başladı. Kendine 'dahi' bile demeye başladı.

Belki abartıyorum ama öldüğünde mirasından istediğim tek şey son yıllarına ait çizimleriydi.

Egosu olmasaydı, asla olduğu kişi haline gelemezdi.

Eğer bu, egonun yaratıcılığınızın kalitesi için yaptıklarıysa, benimkinin daha da gelişmesini diliyorum.

Çizim L. Arden

BEN. BENZERSİZ.

YARI NELSON.

Amiral Nelson'nun heykeli, küçük bir sütunun üzerine konulsa, bugün olduğu kişinin yarısı olabilir miydi?

TAM NELSON.

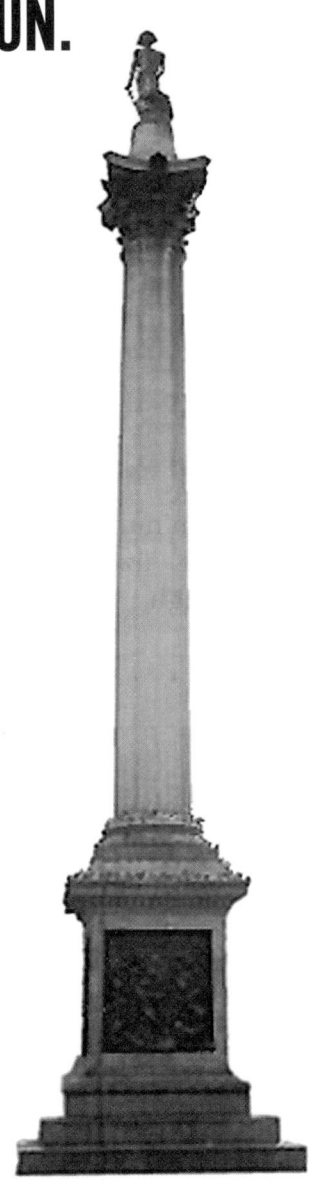

AZ LAF, ÇOK İŞ.

Bir toplantıda iş arkadaşlarını ne kadar etkilediğin hakkında endişelenmen gerekmez, çünkü onlar seni ne kadar etkiledikleriyle meşguldürler.

Toplantılar yapacak işi olmayanlar içindir.

Toplantı, birinin kendi önemini diğerlerine kabul ettirmesi için yapılan bir gösteridir.

Gerçek oyuncuların toplantı oyununa katılmasına gerek yoktur.

Onlar kollarını sıvar ve işe koyulurlar.

Toplantı yapman gerekiyorsa, sandalyeleri sakla!

73

SENİN BAKIŞ

AÇIN NE?

"ÇOĞU İNSAN, BİRBİRİNİN AYNIDIR.

ONLARIN DÜŞÜNCELERİ BAŞKALARININ FİKİRLERİDİR,

ONLARIN HAYATLARI TAKLİT, TUTKULARI ALINTIDIR."

Oscar Wilde

SENİN FİKRİN NE?

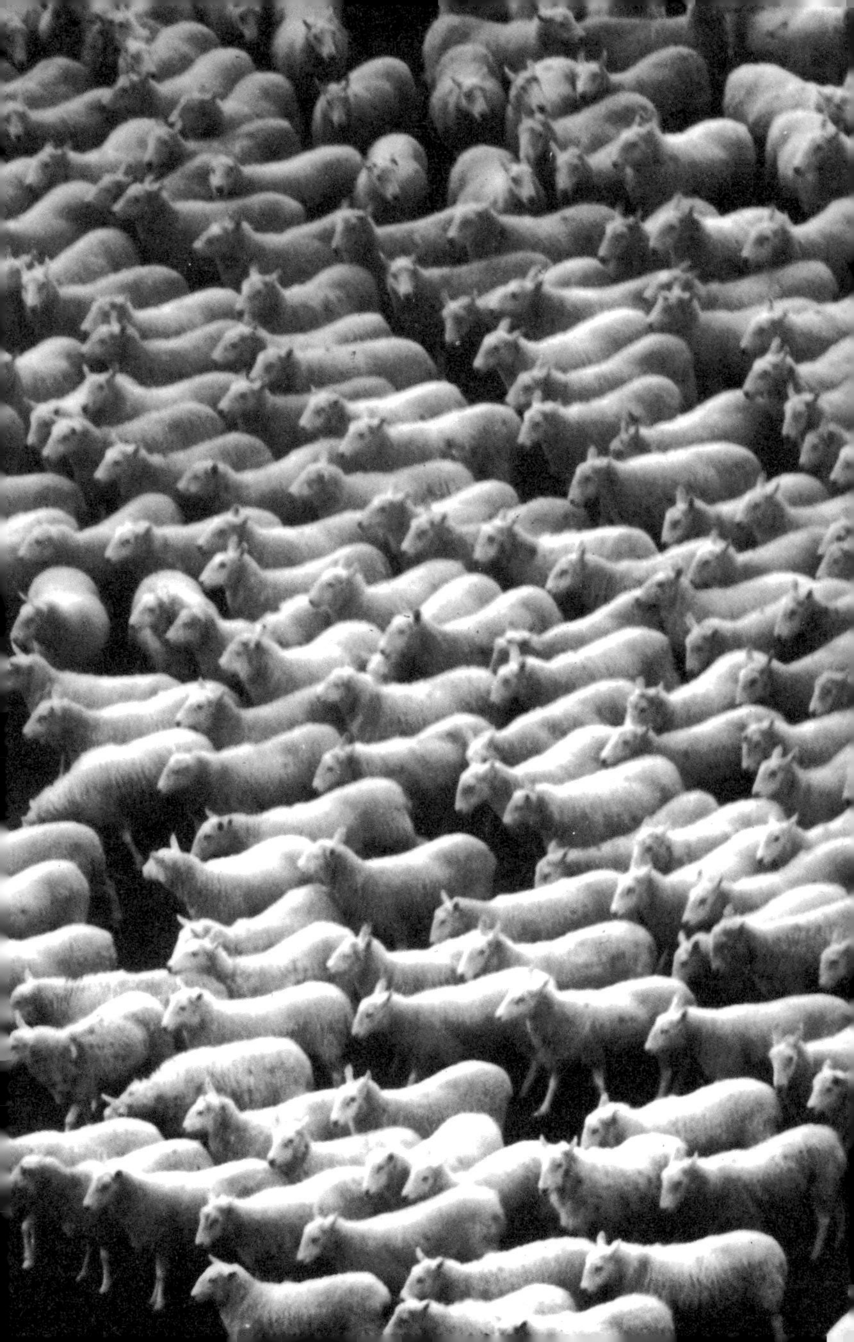

DOĞRU BAKIŞ AÇISI YOKTUR.

Geleneksel bakış açısı ya da popüler bakış açısı vardır.

Kişisel bakış açısı vardır.

Çoğunluğun paylaştığı genel bakış açısı vardır.

Sadece birkaç kişinin paylaştığı dar bakış açısı vardır.

yoktur.

Her zaman haklısın.

Her zaman haksızsın.

Bu sadece sana hangi açıdan bakıldığına bağlı.

Herhangi bir alanda katedilen gelişmeler, dar ya da kişisel bakış açısına sahip olan insanlara bağlıdır.

BİR DE BURADAN BAKIN.

GILBERT GARCIN 80 YAŞINDA. FOTOĞRAF ÇEKMEYE 65 YAŞINDA BAŞLADI.
ONUN BİR BAKIŞ AÇISI VAR. ŞU AN ONA BAKIYORSUNUZ.

Fotoğraf konusunda otorite sayılırım. Bu nedenle insanlar bana çalışmalarını göstermek isterlerdi.

Gördüğüm portföylerin yüzde 99'u çok yüksek standartlara sahipti.

Ama bunların yüzde 98'i daha önce gördüklerime benziyordu.

Elbette birebir aynı değillerdi, ama yeni birşey görmediğim izlenimine kapılıyordum.

Bir bakış açıları yoktu. Sahip oldukları tek bakış açısı fotoğraflara bakanın (benim) onları beğenmesi gerektiğiydi.

Çok nadir olarak, bakış açısı olan birinin çalışmalarına rastladım, başka insanların çalışmalarına benzemeyen.

Bunlar genellikle zor insanlardı. İşe alınmaları neredeyse mümkün olmayan, ne yapmaları gerektiğini söyleyemediğiniz insanlar.

Bazen iyi gitti.

Bazen gitmedi.

İyi gittiği zamanlar, iyi gitmediği zamanları unutturdu.

1984.

1975 yılında komünistler Çek ressam ve animasyon yapımcısı Jan Svankmajer'in işine son vermişlerdi.

Bakış açısı mı yanlıştı?

Yoksa yanlış bakış açısına sahip insanların değerlendirdiği doğru bir bakış açısı mıydı?

Bugün o, ulusal bir hazine.

Şimdi o doğru ve diğerleri mi yanlış? Yoksa o hala yanlış ve diğerleri mi doğru?

Yoksa sadece farklı bakış açılarından mı değerlendirildi?

Sonunda kazanan çoğunluğun fikridir.

İnsanlar koyun gibidirler: Liderleri takip ederler. Lider, insanların gideceği yön hakkında bakış açısına sahip olan kişidir.

Özgün bir bakışa veya bakış açısına sahip olmak bir ayrıcalıktır.

Bunun değerini anlamak ise, zeka.

Topluma karşı fikirlerini savunabilecek cesarete sahip olman demek, istediğini elde etmen demektir.

H.M.MMMM?

KİMİN GÖZÜYLE BAKIYOR?

Bir meslektaşım, arkadaşını Londra'nın kuzeyindeki bir sergiye götürdü.

Sergi esas olarak, ana renklere boyanmış, karışık malzemelerden yapılan koltuk ve kanepelerden oluşuyordu.

Bunları gören arkadaşı, "güzel bir öğle yemeği yiyebilecekken bunca yolu bu saçmalığı görmek için mi geldik?" diye söylendi. Ve işyerine dönene kadar konu hakkında dırdır etmeye devam etti.

İşyerine vardıklarında arkadaşım ona, "Çalışmayı beğenmediğini söyledin, ama gördüğünden beri hep ondan bahsediyorsun." dedi.

Beğenmiş olsa da olmasa da, arkadaşı gördüklerini unutamadı.

Eğer bir çalışma sizin için çok yeniyse, onu anında beğenmeyi bekleyemezsiniz, çünkü onu karşılaştırabileceğiniz birşey yoktur.

Anlayamadığınız şeyleri içinize sindirme çabanız, onları kavradığınızda sizin için daha değerli olmalarını sağlayacaktır.

İyi sanat zaten kendini gösterir. Ama bu sizin onu beğenmek zorunda olduğunuz anlamına gelmez.

Bu yüzden bir dahaki sefere bir sanat sergisine gittiğinizde ya da aynı şekilde birşeye baktığınızda, sizde bıraktığı etkiyi gözleyip, kendi özgün fikrinizi oluşturmaya çalışın.

Bu şekilde başkalarının fikrinin konuşmacısı olmak yerine eleştirmeni olursunuz.

KİTABI TERS ÇEVİR.

HER ŞEY YOLUNA GİRMEYE BAŞLADI BİLE.

İYİ FİKİR NEDİR?

Gerçekleşendir.

Gerçekleşmiyorsa, değildir.

Bir müşteri Eyfel Kulesi'nin bir reklamda kullanılmak üzere resminin çekilmesi için gereken iznin kaça mal olacağını sorunca, Paris'i temsil eden bürokratlar 10.000 Pound olduğunu söyledi.

Müşteri bunu duyduktan sonra bunun pek de iyi bir fikir olmadığı kanısına vardı.

Bu nedenle de kullanmadı.

Ben de onu bu kitap için istedim, ama 10.000 Pound bence de pek iyi bir fikir değildi.

Tabii ki sormadım.

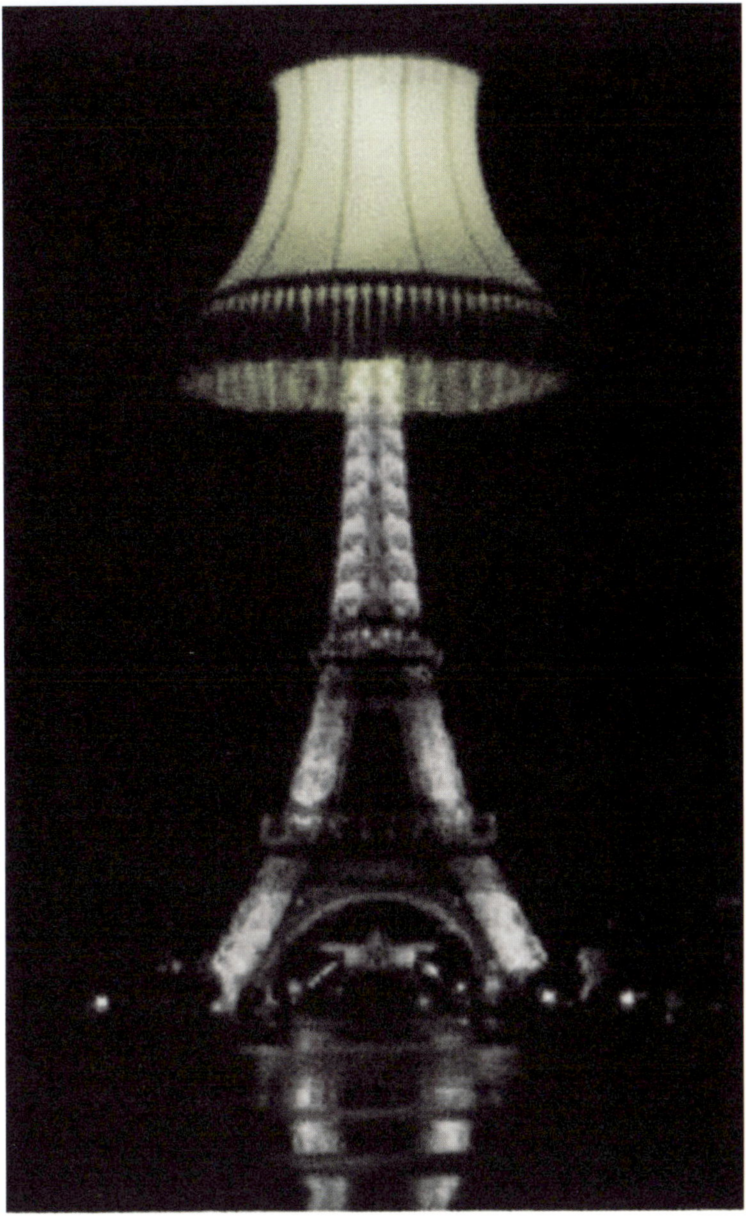

KÖTÜ FİKİR NEDİR?

Fikirler zevk meselesidir.

Bazılarına göre iyi olan, diğerlerine göre kötüdür.

İyi fikir, bir soruna getirilen akıllıca bir çözümdür, benim daha önce hiç görmediğim türden.

Ama bir fikir ciddiye alınmaz ve bir sorunun çözümünde kullanılmazsa hiçbir değeri kalmaz.

Fikir, fikir olmaktan çıkar.

Bir kenarda durur, faydasızdır.

Faydasızdan bile beter, tam bir yer kaybıdır.

Fikirlerin iyi olduğu kabul edilmeden önce uygulanması gerekir.

Uygulanmış kötü bir fikir, uygulanmamış iyi bir fikirden daha iyidir.

Bir fikir ne kadar uzun süre kullanılırsa o kadar iyi olduğu düşünülür.

Bu nedenle tekerleğin gelmiş geçmiş en iyi fikir olduğu kabul edilir.

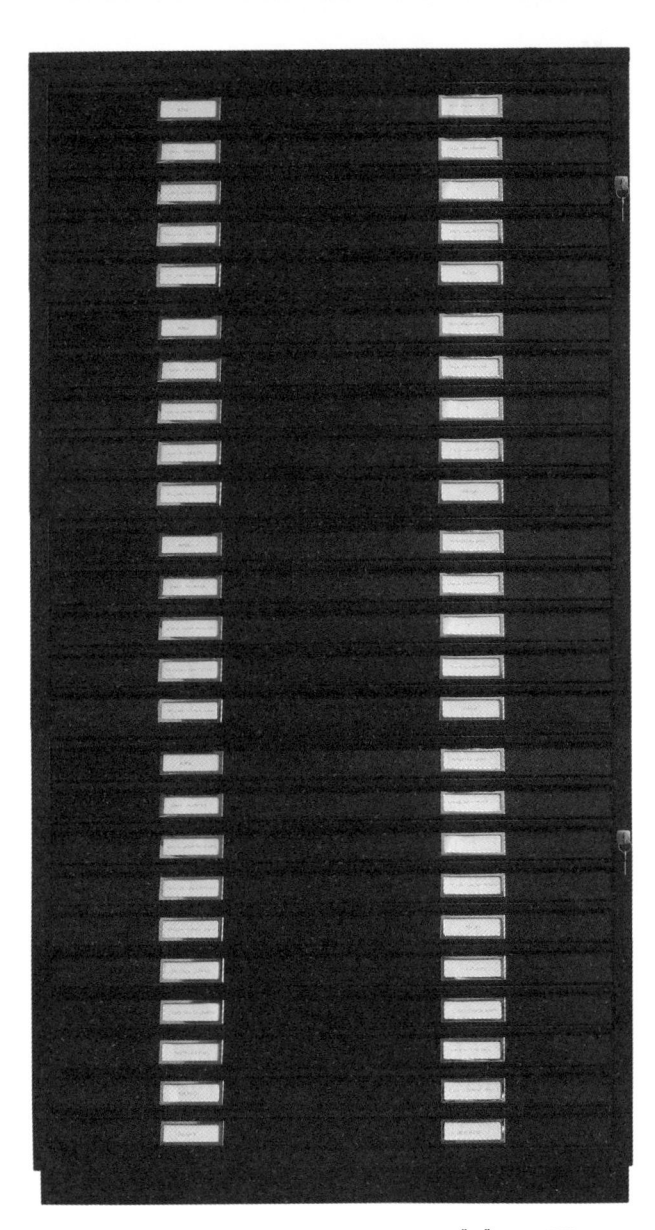

BU TASARIM DOLABI, İÇİNDEKİ TASARIMLARDAN DAHA IYI BIR FIKIR. ÇÜNKÜ GERÇEKLEŞMİŞ.

FİKİR SAHİBİ OLMAK HER ZAMAN İYİ DEĞİLDİR.

Bazı insanların sürekli fikir üretebilme yetenekleri vardır. Ama böyle bir yeteneğe sahip olmayanlar için bu gerçekten zordur.

İlginçtir, fikir bulmak için en çok çabalayanlar, genellikle en başarılı olanlardır.

Çok fazla fikre sahip olmak her zaman iyi bir şey değildir.

Çünkü kolaylıkla fikir değiştirebilirsin.

Eğer fazla fikrin yoksa, elindekileri en iyi şekilde kullanman gerekir.

BIRÇOK FIKRIN BITTIĞI YER.

ÇAL.

Sana ilham veren ya da hayalgücünü çalıştıran her yerden çal.

Filmleri, müzikleri, kitapları, resimleri, şiirleri, fotoğrafları, konuşmaları, rüyaları, ağaçları, mimari yapıtları, yol tabelalarını, bulutları, ışık ve gölgeleri, her şeyi.

Çalmak için doğrudan ruhuna hitabeden şeyleri seç.

Eğer bunu yaparsan çalışmaların (ve hırsızlık) özgün olacaktır.

Özgünlük, paha biçilemez.

Orijinalite, tükendi.

Hırsızlığını örtbas etmek için uğraşma, istersen ilan et.

Jean-Luc Godard'ın söylediklerini hatırla: *"Önemli olan birşeyleri nereden aldığın değil, nereye götürdüğündür."*

Bunu Jim Jarmusch'tan çaldım.

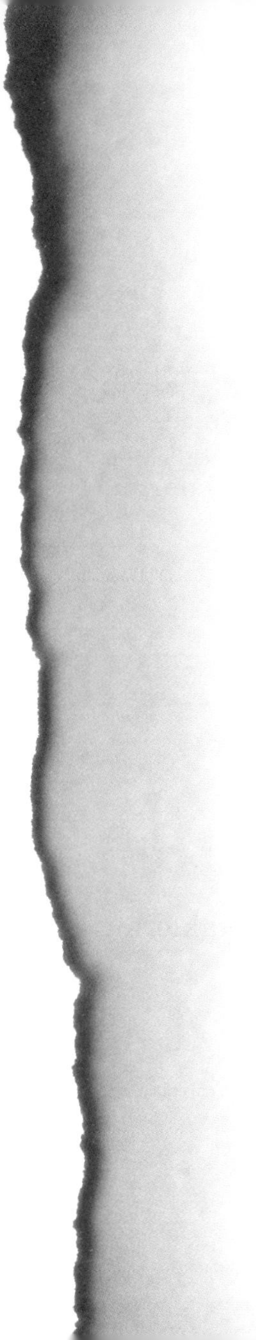

BAZEN ZEKİCE OLAN

Bir bardak resmi çek, kamerayı odaktan uzaklaştır ve bozuk bir lens kullan.

Sonra insanlara sor: "Bu nedir?"

"Bardak resmi." diye cevap verecekler.

FAZLA ZEKİ OLMAMAKTIR.

Aynı bardağın başka bir fotoğrafını bardağı odaklayıp, görüntüyü bozmadan çek. Olması gerektiği gibi.

Sonra insanlara sor: "Bu nedir?"

"Bardak." diye cevap verecekler.

PARA.
KARIN DOYURUR.

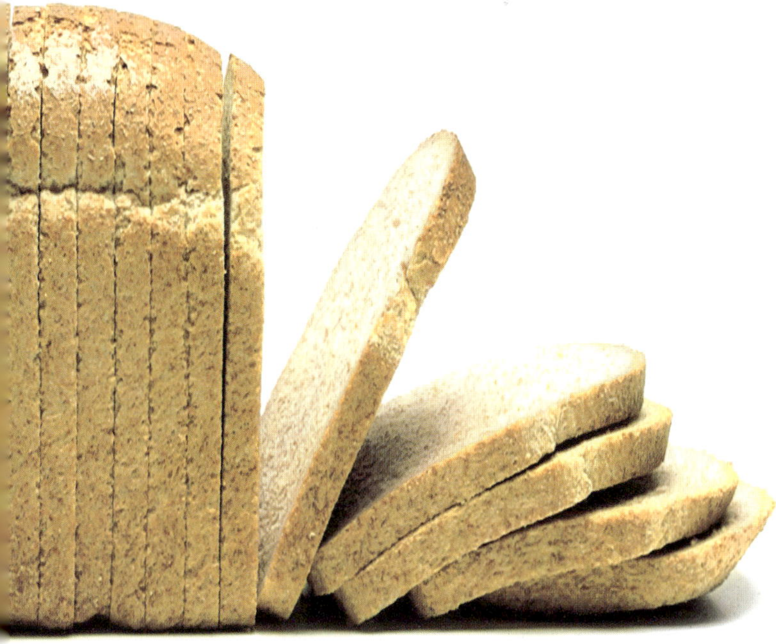

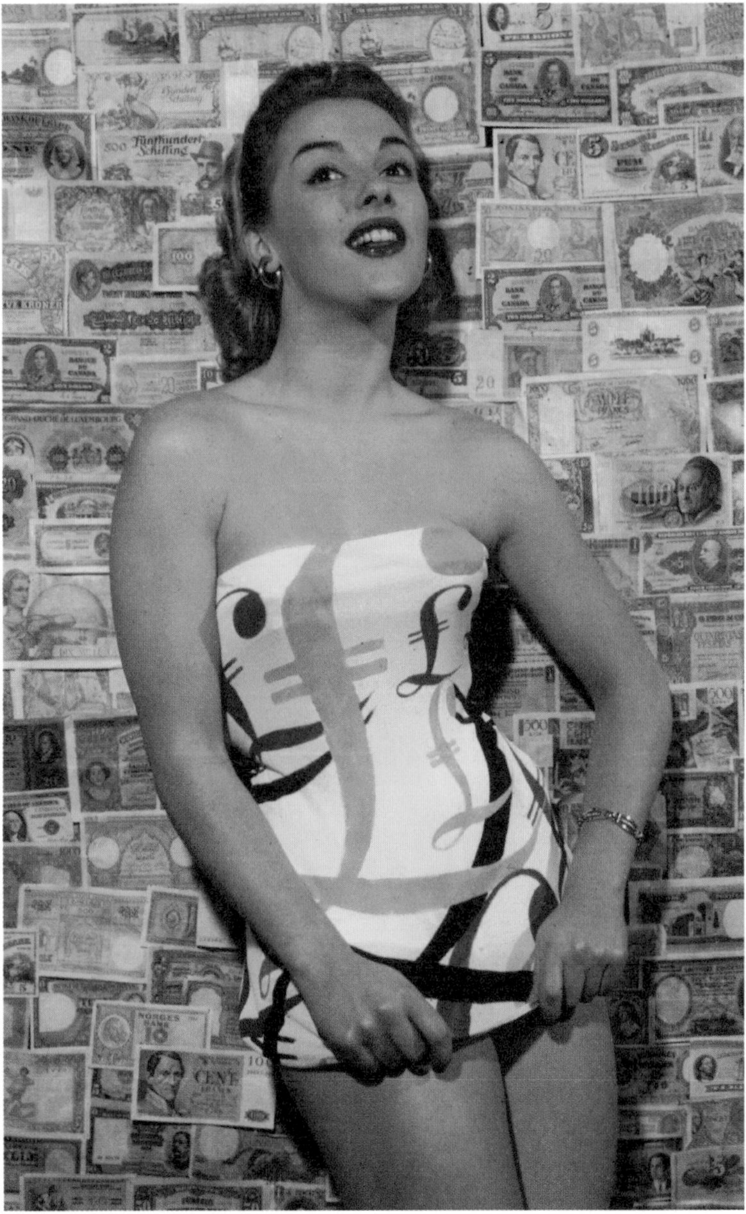
500 Fünfhundert Schilling
BANK OF CANADA
NORGES BANK

EŞİN KAYNAĞIN BUDUR.

Yaratıcı kariyere başlarken, film mi, medya mı ya da diğerleri mi diye düşünme.

Parayı düşün. Daha gerçekçi.

AYNI İŞTE UZUN SÜRE ÇALIŞMA.

103

İSTİFA ET.
İŞİ CİDDİYE ALDIĞINI GÖSTERİR.

Eğer insanlar sürekli olarak fikirlerini ya da sunduklarını geri çeviriyorlarsa, istifa et.

Tartışmaya ve kaybetmeye devam edemezsin, bu seni bir sorun haline getirir.

Eğer gerçekten iyiysen ve o iş için doğru kişiysen istifan kabul edilmeyecektir.

O zaman senin şartlarına göre tekrar anlaşırsınız.

Eğer istifanı kabul ederlerse, yanlış işte olduğunu anlarsın ve yeni bir yere geçmek senin için daha iyidir.

Bu cesaret gerektirir, ama doğru harekettir.

KOVULDUN MU?
BU BAŞINA GELEBİLECEK EN GÜZEL ŞEY.

İşler iyi gitmiyor mu?

Kovulmaktan korkuyor musun?

Gecenin 4'ünde kan ter içinde uyanıyor musun?

Tamam. On gün önce zaten kovulduğunu düşün.

Bunu kabul etmekten başka çaren olmadığından buna iyi bir şeymiş gözüyle bakabilirsin.

Hayatını farklı bir şekilde düzenlemen gerekecek.

Zaten bulunduğun durumdan nefret ediyordun.

Yeniden başlamalısın.

Bu senin için muhteşem bir fırsat.

Düşünsene, seni özgür bırakıyorlar.

Churchill, "En tepedeki kişiysen düşünmen gereken tek şey kendi politikalarındır." demişti.

Eğer iki numaraysan, politika üretmeye başlamadan önce, patronunun ve rakibinin düşündükleri hakkında da kafa yorman gerekir.

Kendi şirketini kur. Böylelikle kendi kaderini kontrol altına alabilirsin. Bu seni daha yolun başında, en tepeye çıkarır.

NUMARA.

ÜNİVERSİTE BASKISI.

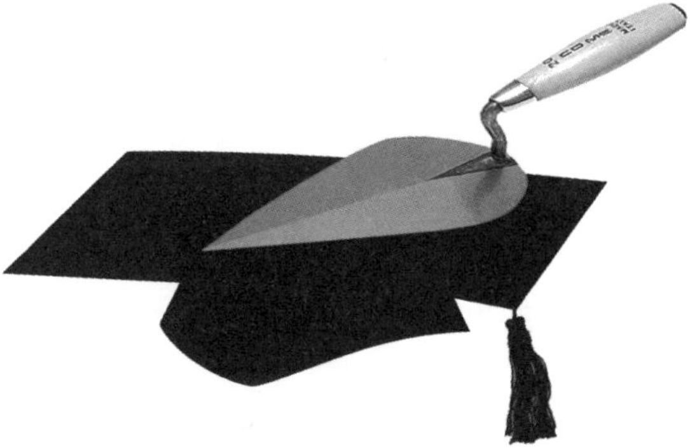

ÜNİVERSİTEYE GİTME.

Üniversiteye gitmek genelde, "Bu hayatta ne yapmak istediğimi bilmiyorum, o yüzden üniversiteye gidiyorum." anlamına gelir.

Üniversitedeki kayıp yıllar bunun kanıtıdır.

Bunlar oyalama ve oyalanma taktikleridir.

Bazı insanlar ne yapmak istediklerini hayatlarının erken bir döneminde bilecek kadar şanslıdırlar.

Çoğunluk ise becerilerini doğru bir amaç için kulanmakta büyük zorluk yaşar.

Ben bu insanlar için üzülüyorum. Bu onlar için hiç de kolay değil. Ama bu sorunu üniversiteye gitmek değil, işe başlamak çözer.

ÜNİVERSİTE MEZUNU
YAŞ YIRMI ÜÇ

İŞE GİR.

Çalışmaya on sekiz yaşında başlarsan, yirmi üç yaşında başlayan birinden beş yıl önde olursun.

Yirmi üç yaşında, tüm üniversite eğitimine rağmen, işe "stajyer" olarak başlarsın.

Gençken kariyerle ilgili kararlarını yanlış versen bile yönünü değiştirebilirsin, ama yirmi sekiz yaşındaysan yanlış işte olduğunu anlamak için biraz geç olabilir.

Bu yüzden, öğrenmekte olduğun konuya ilgi duymuyorsan, üniversiteye gitme.

Çalışmaya başla ve öğrenme işini hayat okuluna bırak.

HAYAT OKULU MEZUNU
YAŞ YİRMİ ÜÇ

SCHOOL OF THOUGHT

DÜŞÜNCE OKULU

BİRİNCİ DERS.

Cehalet içinde yaşamak, bilgiyle yaşamaktan daha kolaydır.

İşin zevki, cevabı bilmekte değil problemi çözmeye çalışmaktadır.

Bir sihirbazlık numarası bir kez açıklandığında tüm büyüsünü kaybeder.

Futbolun heyecan verici olmasının nedeni kimin kazanacağını kimsenin bilmemesidir.

Bazı insanlar başarıyı yakaladıktan sonra sahip olduklarına güvenip çaba göstermeyi bırakırlar.

Şanslı olanlar cehalet içinde yaşayamaya devam ederler.

ANNE!
SINAVLARDAN ÇAKTIM.
FELAKET?
BU BİR ZAFER.

Her şeyi doğru düzgün yapmak ve ortalarda bir yerlerde olmak sıradan bir durumdur.

En dipte ya da dibe yakın olmak ise ayrıcalıktır.

Bu sizin için uygun görülen sıradanlıkla ilgilenmediğinizi gösterir. Aklınız başka bir yerdedir.

Hayallerde.

Okulda dibe batanların çoğu ileride zengin ve başarılı olurlar, notları nedeniyle değil hayal güçleri sayesinde.

Başarısızlığınızdan birşeyler öğrenebilmek istiyorsanız, bu durumu başlangıç için iyi bir yer olarak kabul edin.

İyi notlar, ilginç bir hayata sahip olmanızı sağlamaz.

Hayalgücünüzse sağlar.

BAŞARISIZLIK

BAŞLANGIÇTIR.

Bu sayfa için
bir görsel
düşünemedim.

ORADA OL.

Eğer üniversiteye gidecek notlara ya da paraya sahip değilsen, derslere gir.

Eğer kabul edilmediğin halde o işi istiyorsan, kapılarında yat.

Bütün derslere git, ayak işlerini yap, bir işe yara. İnsanlar seni tanısın.

Sonunda seni kabul edecekler, çünkü sen o grubun bir parçasısın.

Kararlılığın için sana saygı duymakla kalmayıp bunun için seni sevecekler.

Zaman alacak, belki bir yıl, ama içeride olacaksın, dışarıda değil.

BAŞARISININ SIRRINI SORDUKLARINDA WOODY ALLEN'IN CEVABI: "ORADA OL!"

YENİ BAŞLAYANLAR İÇİN İPUÇLARI.

C.V.

Çalıştığın alanda CV'ne yazabileceğin en iyi şirkete gir.

Gerekirse getir götür işlerini yap.

Gerekirse para almadan çalış.

Müstakbel işverenlerin bundan etkilenecek.

Ç.A.Y.

Çay yap.

Bunu sıklıkla yap, isteyerek yap.

Sözü geçen insanlar bundan hoşlanır.

Bu hakkında olumlu bir izlenim kazandırır ve karşılığını mutlaka alırsın.

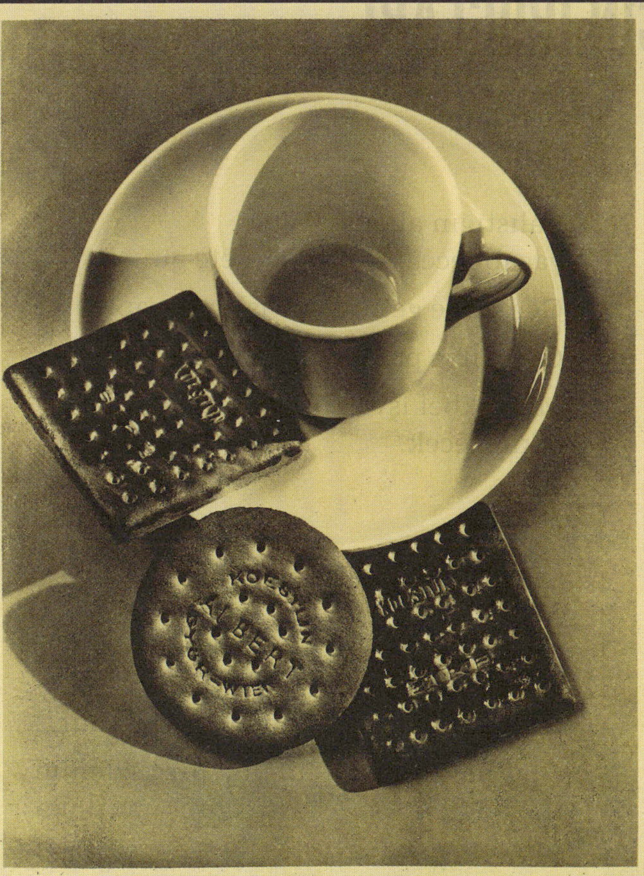
KOESTLIN

SON DÜŞÜNCELER.

Tahta bir takma bacak kullanan muhabir röportaj sırasında Frank Zappa'ya: "Oturduğum yerden bakınca, bir kadına benziyorsun." dedi. Frank Zappa cevap verdi: "Sense buradan bir masayı andırıyorsun."

REDDEDİLMEK KONUSUNDA OLUMSUZ DÜŞÜNMEYİN.

Saatchi'de yaratıcı yönetmen olarak çalışırken, genç bir çalışanı yaptığı vasat iş yüzünden fırçaladım.

Günün ilerleyen saatlerinde birinden, ofisinde ağladığını duydum.

Teselli etmek için yanına gittim.

"Merak etme, senin yaşında ben de işe yaramazın tekiydim." dedim.

YELKENLER FORA.

Sidney Opera Binası ile ilgili bence en ilginç konu, mimarı Jørn Utzon'ın oldukça cesur ve o zamanlar için inşa edilemez olan taslağını onay komitesine nasıl kabul ettirdiğidir.

Utzon projesini sunarken, yapacağı binadan "yelkenli" olarak bahsetti.

Onay komitesi, yelkenleri suyun üstünde hayal ettiğinde, bu mimari rekabette başka hiçbir girişimcinin şansı kalmamıştı.

Fikrini iki kelime ile sattı:

Yelkenler fora!

Zekice...

Gelmiş geçmiş en iyi tavsiye, Harper's Bazaar'ın Sanat Yönetmeni Alexey Brodovitch tarafından, dünyanın en iyi fotoğrafçılarından biri olmaya aday genç Richard Avedon'a verildi.

Tavsiye basitti:

'ŞAŞIRT

Bu sözcükler aklınızda olduğu sürece ne yaparsanız yapın yaratıcı olacaktır.

BENi!'

V&A İÇİN SİZ HANGİ SLOGANI SEÇERDİNİZ?

SANAT MÜZESİ.

MÜZE SANATI.

YENİ V&A.

BURADA SIKICI TARİHİ ESERLER YOKTUR.

MÜKEMMEL BİR KAHVE EŞLİĞİNDE EŞSİZ BİR MÜZE.

Ünlü sanat müzesi V&A'nın başkanı, müdürü, küratörü ya da yönetim kurulu üyesi olduğunuzu düşünün.

Müzedeki hareketliliğin artmasını istiyorsunuz ve bunun için ilan vereceksiniz.

Yan sayfadaki sloganlarla karşı karşıyasınız.

Bir müzede ilk soru "Lavabo nerede?"dir.

İkincisi; "Kafeterya nerede?"

Kahve ve yanında bir dilim kek, V&A'nın tüm koleksiyonundan daha ilgi çekici olabilir.

Müze gezmek, zevk için yapılan bir etkinliktir. Etkileyici olduğu kadar eğlendirici de olmalıdır.

Küratörler için sanat her zaman ön plandadır, müdürler için de ziyaretçiler, küratörler ve kendileri.

Şimdi kendinizi onların yerine koyun. Hangi satırı seçerdiniz?[*]

Halkı etkileyecek olanı mı, V&A'nın saygınlığını koruyanı mı?

---

[*] Zamanın müze müdürü Elizabeth Esteve-Cole'un hatırına son cümleyi seçin.

BU ADAMI
SİZDEN ÇOK SEVMİYORUM.

Sevdiğim şey, resmin bu sayfada yarattığı etki.

Şu an sizde uyandırdığı tepkinin, bizde uyandırdığı tepkiyle aynı olması.

KISACA
HAYATINIZI DEĞİŞTİRİN.

Dünya, sizin onu ne olarak kabul ettiğinizdir.

Ona farklı bakın, hayatınız değişsin.

SONSÖZ. (ÇEVİRENDEN)

Oku, Oku, Oku...

Hayata geçiremiyorsan, onunla yarışamıyorsan, kaybedip vazgeçiyor, kazanıp gevşiyorsan, yıkamıyor, yapamıyorsan, değiştiremiyor, başlatamıyorsan, son veremiyorsan, yön veremiyorsan, eviremiyorsan, çeviremiyorsan, diş geçiremiyor, kafa atamıyorsan, laf anlatamıyor, söz dinletemiyorsan, altını üstüne getiremiyorsan, başaşağı çeviremiyorsan, saçından tutup sürükleyemiyorsan, boğazına sarılıp isteyemiyorsan, karşısına dikilip yüzleşemiyorsan, düşünüp yapamıyorsan, ateşle oynayamıyorsan, bir fark yaratamıyorsan, sürüden ayrılamıyorsan.

Ne anladın o kitaptan?

Sürüden ayrılanı kurt mu kapacak?

Belki kurt yok. Belki gitti, bir ömür bekleyecek değildi. Belki de sürü uydurdu kurdu. Belki sadece kıl kurdu. Belki sıkıldı beklemekten. Belki görünce korkacak, deli sanıp kaçacak.

Belki de hepsi gerçek, kurt orada ve seni yiyecek.

Ama önce yakalaması gerekecek.

O seni yakalamadan sürü peşinden gelecek.

Ya da kısaltalım hikayeyi, akılda kalsın.

Sana sürüden ayrılmamanı kim söylüyor?

Kurt mu, sürü mü?

Ferhat Tümer

Çocuklar Reklamcılık
Mart 2007, Bebek

TEŞEKKÜRLER

Bu kitap arkadaşım ve hocam CHRISTOPHER MACARTNEY-FILGATE içindir.

Bu kitabın kapağı onun fikriydi.

MARK BUCKINGHAM & GEOFF WINDRAM

Bu iki adama kocaman sarılmak istiyorum. Bu kitabı yazarken benim sağ ve sol kolum oldular. Sadece kitabı biraraya getirmekle kalmayıp, iyi fikirler eklediler. Mesela 65. sayfadaki ayna fikri Geoffrey'nin ve 95. sayfadaki yırtılmış sayfa resmi fikri ise Mark'ındır. Ayrıca kitap için zeka ve sağduyu sağladılar. Sabah işe gittiğimde onlarla karşılaşmak büyük bir zevkti.

Seneler boyunca birlikte çalışacak kadar şanslı olduğum zeki yazarlara da teşekkür etmek istiyorum. İşimi kolaylaştırıp daha eğlenceli hale getirdiler.

Özellikle:

TIM MELLORS

JEFF STARK

DAVE TROTT

Onların işleri bu kitapta birden fazla yerde görülüyor.

Beni bu kitabı geliştirmeye iten basımcı TONY LACEY ve editör ZELDA TURNER'a teşekkürler. Her zaman olumlu, akıllıca önerilerde bulundular, aynı zamanda da sıradan olmayan görüntüler bulabilmek için çok çalıştılar.

Temsilcim ANTHONY SHEILL'e, fikirleri ve bana çok iyi baktığı için.

Ayrıca MARK BUCKINGAM'la birlikte birçok resmi çekmeme yardımcı olan NEIL SUTHERLAND'e teşekkür etmek isterim.

SARA ELSWORTH'e, yardımları ve 55. sayfada suratına tokat atmama izin verdiği için. Ve ANDREW CHURCHILL'e, 33. sayfada soyunduğu ve 43. sayfada mutasyon geçirmiş olduğu için.

Arkadaşım ROGER KENNEDY'e, makalelere göz attığı için.

Sıkıcı isteklerime seve seve yardım etmeye devam eden ASD LIONHEART'taki arkadaş ve eski meslektaşlarıma,

Arka kapaktaki fikri için CHARLES HENDLEY'e,

Ve aşağıdaki görütülerini kullanmama nazikçe izin veren insanlara:

ADRIAN FLOWERS	S. 8
GILBERT GARCIN	S. 25 / 30-31 / 78-79 / 80
STEPHEN MCDAVID	S. 27
CHARLES ARDEN	S. 29
RON MUECK	S. 60-61
MICHAEL JOSEPH	S. 77
ALISON JACKSON	S. 84
GRAHAM FINK	S. 89
ROGER KENNEDY	S. 93
KARL JENKINS	S. 103
LEE TROTT	S. 110
DAN TROLLER	S. 58

Boyner Yayınları
Eski Büyükdere Caddesi,
Park Plaza 22
Maslak-İstanbul

Tel: (212) 366 89 00

by@boynergrup.com

www.boyneryayinlari.com.tr

Çeviri:
Ferhat Tümer

Genel Yayın Yönetmeni:
Gülşen Heper

Baskı ve Cilt:
Altan Ambalaj Matbaa A.Ş.

Kapak Tasarım:
Çocuklar Reklamcılık

Orjinal Adı:
Whatever You Think
Think The Opposite

Copyright © Paul Arden 2006
First published in the United
Kingdom by
Penguin Books Ltd, 2006

ISBN: 978-975-7004-54-7

Sertifika No: 0107-34-007362

Boyner Yayınları'nın
izni olmaksızın
kısmen veya tamamen
iktibas edilemez.